Natürlich entschlacken

mit Artischocke, Spargel & Co.

Fit durchs ganze Jahr

Vitalität und Wohlbefinden sind garantiert, wenn Sie Ihrem Körper einen »inneren Frühjahrsputz« gönnen. Leckere Speisen verleihen Ihnen neuen Schwung, regen den Stoffwechsel an, bringen Leber, Galle und Nieren auf Trab, reinigen das Blut und entwässern den Körper.

Traditionell wird eine Entschlackungskur im Frühling gemacht – ein gutes Beispiel ist die christliche Fastenzeit vor Ostern. In dieser Jahreszeit gibt es auch besonders viele Lebensmittel, die dafür wie geschaffen sind. Etliche davon gedeihen jedoch rund ums Jahr, so daß eine »Entschlackung« jederzeit möglich ist.

Das Wort »Schlacken«...

... ist umgangssprachlich zu verstehen. Normalerweise regelt die Natur das »Hinein« und »Hinaus« der Nahrungsmittel. Funktioniert jedoch das »Hinaus« nicht mehr so reibungslos, sammeln sich möglicherweise Abbau- und Abfallprodukte im Körper an. Sie werden in Blutgefäßen, Gelenken, Geweben, Organen und Muskeln gelagert und können, langfristig betrachtet, zu schweren Krankheiten führen.

Erste Anzeichen, daß die innere Reinigung nicht reibungslos funktioniert, sind ständige Müdigkeit und Konzentrationsschwäche, Abgespanntheit, chronische Kopfschmerzen und Anfälligkeit für Infektionen. Auch Hautunreinheiten, häufige Verdauungsstörungen sowie Muskel- und Gelenkschmerzen können auf eine »Verschlackung« hinweisen. Diese Alarmsignale Ihres Körpers sollten Sie ernst nehmen.
Gönnen Sie ihm eine Generalüberholung. Ein mit Bedacht zusammengestellter Speisezettel, bewußtes Genießen der Speisen, ausreichend Bewegung an der frischen Luft, deutliche Entspannungsphasen sowie eine verwöhnende Haut- und Körperpflege – mehr ist nicht nötig. Anschließend fühlen Sie sich wie neugeboren.

Die Entgiftungsorgane

Leber: Die Leber wird als chemische Fabrik des Körpers bezeichnet. Sie spielt die Hauptrolle bei der Verwertung der Nahrung, in ihr finden vielfältige Auf-, Um- und Abbauprozesse statt. Auch für die Entgiftung ist sie unverzichtbar. Da wir immer mehr Schadstoffe aufnehmen – Stichworte wie Rauchen, Alkohol, Arzneimittel, Autoabgase, Chemikalien, Schwermetalle kennt jeder – muß sie ganze Arbeit leisten. Zudem stellt die Leber die Gallenflüssigkeit her, die besonders für die Fettverdauung wichtig ist.

Nieren: Durch sie fließt das Blut täglich mehrmals hindurch. Dabei werden verwertbare Nährstoffe herausgefiltert und in den Blutkreislauf zurückgegeben. Überflüssige oder gar schädliche Substanzen hingegen werden über den von den Nieren produzierten Harn ausgeschieden. Häufige unkontrollierte Arzneimitteleinnahme, ein Übermaß an Alkohol oder eine Blasenentzündung können die Nieren langfristig schädigen, sie schrumpfen und stellen ihre Tätigkeit schließlich ein.

Darm: Eine gesunde Darmflora filtert aus dem Speisebrei alle noch für den Körper verwertbaren Stoffe heraus und scheidet die unverwertbaren aus. Ihre größten Feinde sind ballaststoffarme Kost und Antibiotika. Beide verhindern das reibungslose Funktionieren der Verdauungsabläufe, schädigen die Darmflora und ermöglichen, daß Abbauprodukte eingelagert werden.

Lunge: Das Ausatmen von Kohlendioxid, das Herausfiltern giftiger Stoffe aus der eingeatmeten Luft sowie das Ausscheiden von im Blut vorhandenen Giftstoffen sind die Hauptaufgaben der Lunge im Rahmen der Entgiftung. Erhöhte Gefahr besteht bei starken Rauchern.

Haut: Eine gesunde Haut schützt den Körper vor unerwünschten Eindringlingen, zudem werden mit dem Schweiß Schadstoffe über die Haut ausgeschieden.

Fitneß für jeden Tag

entschlacken & sich wohl fühlen

Das können Sie täglich selber tun

✱ Viel trinken ist sehr wichtig, damit die Nieren gut durchgespült werden und die Abbauprodukte des Stoffwechsels optimal abtransportiert werden können.

✱ Viel bewegen. Je mehr Sauerstoff Sie aufnehmen, desto reibungsloser funktioniert Ihr Stoffwechsel.

✱ Nehmen Sie sich Zeit und kauen Sie gründlich, denn bereits im Mund beginnt die Verdauung der Kohlenhydrate.

✱ Fettarm genießen. Fett wird von den Nährstoffen zuletzt und sehr langsam verdaut. Die Leber ist lange belastet und hat weniger Kapazitäten frei, Nahrungsbestandteile zu entgiften. Die Folge: sie kann sich kaum »erholen«.

✱ Alkohol, Tabak und Arzneimittel weitgehend meiden – auch bei deren Verarbeitung müssen Ihre Entgiftungsorgane Höchstleistungen vollbringen.

✱ Auf Fertiggerichte möglichst nur selten zurückgreifen. In ihnen stecken oftmals reichlich Aromastoffe, Geschmacksverstärker und andere Zusatzstoffe, die immer Schwerstarbeit für die Leber bedeuten.

Auf die Lebensmittel kommt es an

✱ Viele Kohlenhydrate, vor allem aber reichlich Ballaststoffe essen. Dadurch wird die Darmtätigkeit angeregt, Schlacken können sich schlechter einlagern.

✱ Täglich viele Vitamine und Mineralstoffe essen. Beide sind wertvolle Stoffe mit vielfältigen Aufgaben, die einen reibungslosen Ablauf aller Körperfunktionen ermöglichen und deshalb Garant für einen vollständigen Abtransport von Verbrauchtem sind. Zudem sind einige von ihnen unentbehrlicher Bestandteil der Verdauungssäfte.

✱ Möglichst oft rohes Obst und Gemüse essen, denn wichtige Inhaltsstoffe werden beim Garen zerstört. Vorteilhaft sind außerdem einige Verdauungsenzyme, die in Rohkost gehäuft enthalten sind. Rohkost gehört außerdem zu den basenüberschüssigen Lebensmitteln und wirkt somit positiv auf den Harnsäurespiegel.

✱ Basenbildende Lebensmittel, beispielsweise Rohkost, Obst, Gemüse und Salate, bevorzugen und so den Körper vor Übersäuerung schützen. Bei einer stark säurebildenden Kost mit viel Fleisch, Eiern, Käse,

Süßwaren, Alkohol, Kaffee und Tee müssen Leber und Niere auf Hochtouren arbeiten.

✱ Lebensmittel aus biologischem Anbau sollten Vorrang haben. Die sind geringer mit Schadstoffen belastet. Je weniger Schadstoffe Sie mit der täglichen Nahrung aufnehmen, desto leichter verrichtet die Leber ihre Arbeit und desto weniger Stoffe können sich in Ihrem Körper einlagern. Schadstoffe können Ihre Organe schädigen, so führt beispielsweise eine hohe Aufnahme von Blei und Quecksilber zu Nierenschäden.

✱ Frisches Gemüse bevorzugen. Steht dies nicht zur Verfügung, in die Tiefkühltruhe greifen. Dieses Gemüse wird erntefrisch auf Eis gelegt, die wertvollen Stoffe sind bestmöglich konserviert.

✱ Wer neben der Ernährung mit frischen Lebensmitteln auf schnelle und bequeme Art etwas für Entgiftung und Entwässerung tun will, findet in Reformhäusern und Apotheken viele Mittel dafür. Beispielsweise gibt es Artischocken und Spargel als Saft und in Tablettenform. Auch Säfte von Bohnen, Brennesseln, Brunnenkresse, Kürbis, Löwenzahn, Petersilie, Schwarzrettich und anderen Heilpflanzen sind dort erhältlich. Mixen Sie daraus mit frischen Obst- und Gemüsesäften leckere, gesunde Cocktails.

✱ Wer mag, wählt als Einstieg für ein dauerhaftes Wohlgefühl eine Fastenkur. Literatur dazu finden Sie im Buchhandel.

Diese Stoffe unterstützen

Lebensmittel mit positiver Wirkung

Obst und Gemüse

Ananas: Bromelin bringt den Stoffwechsel auf Trab und hilft beim Entwässern

Artischocken: Cynarin regt Leber und Galle an, fördert deren Durchblutung und Entgiftung, unterstützt die Fettverdauung; entwässern und senken den Cholesterinspiegel

Chicorée: Bitterstoff Intybin wirkt positiv auf Leber, Galle, Magen und Darm; regt Verdauung und Stoffwechsel an; wirkt entwässernd, entschlackend, blutbildend

Fenchel: ätherische Öle regen Leber- und Nierentätigkeit an, fördern die Verdauung

Kartoffeln: entwässern

Kohlrabi: regt Gallenfluß und Nieren an; blutbildend

Lauch: verdauungsfördernd; Ballaststoffe und Pflanzenschleime reinigen den Darm; Senföle regen Leber, Galle und Nieren an und wirken mit Kalium entwässernd

Rettich/Radieschen: ätherische Öle regen Verdauung und Gallenbildung an; beseitigen Gallenstauungen; wassertreibend

Schwarzwurzeln: harntreibend; appetit- und verdauungsfördernd

Spargel: Asparaginsäure wirkt stark harntreibend, regt die Nieren an und beeinflußt den Stoffwechsel positiv; Kalium entwässert

Kräuter und Gewürze

Bärlauch: blutreinigend, stärkend

Bibernelle: harntreibend

Brennessel: zur Blutreinigung; wirkt ausschwemmend, hat deutlichen Basenüberschuß – gut zur Entsäuerung

Dill: regt den Harnfluß an

Estragon: harntreibend; regt Stoffwechsel an; reinigt Niere und Galle

Gartenkresse: blutreinigend, harntreibend; regt Stoffwechsel an

Ingwer: enthält Scharf- und Bitterstoffe sowie ätherische Öle; belebt Kreislauf, fördert Appetit und Verdauung

Kapuzinerkresse: regt die Bildung roter Blutkörperchen an, reinigt das Blut, unterstützt Blutbildung und Sauerstofftransport

Kurkuma: stärkt Leber und Galle, blutreinigend; steigert Gallenproduktion

Liebstöckel: reinigend, entschlackend; regt Gallenfluß und Bildung von Magensäften an; unterstützt Nierentätigkeit

Meerrettich: entwässernd; regt Magen, Galle, Niere und Darm an

Portulak: blutreinigend, harntreibend

Rucola: regeneriert Darmschleimhaut; enthält harntreibende Asparaginsäure

Wacholder: blutreinigend, entwässernd

STOFF	WIRKUNGSWEISE	REICHLICH ENTHALTEN IN
Ätherische Öle	regen den Stoffwechsel an und helfen dadurch, Schadstoffe auszuscheiden; regen Appetit und Verdauung an; reinigen Schleimhäute; stärken Magen, Leber, Galle, Darm	vielen Pflanzen, vor allem in Kräutern und Gewürzen, aber auch in Fenchel, Möhren, Sellerie
Ballaststoffe	regen die Darmtätigkeit an und verkürzen die Verweildauer des Speisebreis im Darm; binden in Magen und Darm Stoffwechsel- und Schlackenprodukte an sich, wodurch diese ausgeschieden werden	Hülsenfrüchte, Getreide, Kohlgemüse, Erbsen, Möhren, Kartoffeln, Äpfel und Birnen, Beeren
Bitterstoffe	stärken Verdauungsdrüsen, regen die Galle an und unterstützen die Fettverdauung	Brokkoli, Artischocken, Hülsenfrüchte
Calcium	Gegner der Schwermetalle Blei und Cadmium, es verhindert deren Einlagerung	Milch, Nüsse, Brokkoli, Mangold, Grünkohl
Chlorid	regelt den Säure-Basen-Haushalt; Entgiftung	in fast allen Lebensmitteln
Eisen	blutbildend; wichtig für Sauerstofftransport	Erbsen, Bohnen, Spinat, Nüsse, Kohl, Weintrauben, Fleisch
Glutathion	schwefelhaltige Eiweißkörper, die Entgiftungsprozesse im Körper beschleunigen	Kohlgemüse, Rettich, Radieschen, Rübchen
Kalium	entwässert und entschlackt (fördert die Nierentätigkeit), stärkt Gefäße und Nieren	Kartoffeln, Kohl, Naturreis, Früchte, Getreide
Scharfstoffe	regen Verdauung an	Gewürze wie Ingwer, Chili, Pfeffer, Paprika
Sekundäre Pflanzenstoffe	schützen vor Freien Radikalen, die an der Schlackenbildung beteiligt sind; helfen, den Körper zu entgiften; teilweise wassertreibend	Obst und Gemüse
Selen	bindet Schwermetalle und ermöglicht deren Ausscheidung; regt die Leber an; wichtig für die Entgiftung von Radikalen	fast allen Obst- und Gemüsesorten, Rotkohl; Getreide, Nüsse, Hülsenfrüchte, Fleisch
Senföle	haben reinigende und keimtötende Wirkung; steigern Magentätigkeit und Darmfunktion, unterstützen Leber, Galle, Niere, Blase	Kreuzblütlern wie Kohl, Rettich, Radieschen, Rübchen und in Liliengewächsen (Zwiebeln, Lauch)
Zink	hilft gegen Streß und entlastet die Leber	Fisch, Fleisch, Käse, Getreide

Power-
entschlacken und vitaminreich schlemmen
woche

Fit, schön & gesund

Sie möchten Ihrem Körper und Ihrer Gesundheit wieder mehr Aufmerksamkeit schenken, die Müdigkeit – nicht nur im Frühjahr – vertreiben, Ihren Stoffwechsel auf Trab bringen? Entgiften Sie Ihren Körper, machen Sie eine Entschlackungskur! Kochen und genießen Sie sieben Tage lang die Rezepte dieser Powerwoche – Sie fühlen rasch den Erfolg, den man Ihnen auch ansieht.

Der Entschlackungs-Wochenplan

Natürlich können Sie die Rezepte aus diesem Buch in beliebiger Reihenfolge zubereiten. Wer sich lieber an einem vorgegebenen Plan orientiert, findet diesen auf der rechten Seite. Für jeden Tag der Woche erhalten Sie Vorschläge für Mittag- und Abendessen, die Sie natürlich jederzeit austauschen können. Für einen gelungenen Start in den Tag genießen Sie morgens am besten Vollkornbrot oder ein Müsli aus Vollkornflocken oder geschrotetem Getreide, ergänzt durch frische Früchte und Quark oder Joghurt. Zwischendurch knabbern Sie rohes Obst und Gemüse. Wählen Sie anhand der Tabelle auf Seite 6 und 7 möglichst oft Sorten aus, die die Entgiftung des Körpers unterstützen. Auch ein Joghurt oder ein Glas Trinkmolke sind empfehlenswert. Ganz wichtig: während der Powerwoche möglichst viel trinken, um den Erfolg zu optimieren.

Für Berufstätige

Wenn Sie nicht zweimal am Tag kochen können oder wollen, wählen Sie eines der Gerichte und bereiten dies am Abend zu. Für die Mittagspause nehmen Sie sich frisches Obst und Gemüse sowie Joghurt mit. Auch hier hilft Ihnen die Tabelle von Seite 6 und 7 bei der Auswahl.

WOCHENPLAN

Montag

- Frühstück aus Müsli mit frischen Früchten oder Vollkornbrot; dazu ein Glas Buttermilch
- Bunter Gemüsesalat; dazu Vollkornbaguette
- Spargelrisotto mit Garnelen ✱ Frische Ananas

Dienstag

- Frühstück aus Vollkornbrot; dazu ein Glas Trinkmolke
- Chicorée-Kresse-Salat ✱ Schnelles Kartoffelcurry
- kernige Sellerie-Reis-Puffer ✱ Frisches Obst

Mittwoch

- Frühstück aus Müsli mit frischen Früchten oder Vollkornbrot; dazu ein Glas Buttermilch
- Cremige Brunnenkressesuppe ✱ Kräuteromelette mit Spargel
- Bavette mit Artischocken-Sauce ✱ Frische Ananas

Donnerstag

- Frühstück aus Vollkornbrot; dazu ein Glas Trinkmolke
- Grünkernburger mit Salat ✱ Frisches Obst
- Rucola-Apfel-Salat; dazu ein gebratenes Hähnchenfilet

Freitag

- Frühstück aus Müsli mit frischen Früchten oder Vollkornbrot; dazu ein Glas Buttermilch
- Fruchtiger Spargelsalat mit Erdbeeren und Melone; dazu Vollkornbaguette
- Lachs mit Sauerampfersauce; dazu neue Kartoffeln ✱ Frische Ananas

Samstag

- Frühstück aus Vollkornbrot; dazu ein Glas Trinkmolke
- Gemüse-Joghurt-Auflauf
- Zucchinirohkost mit Paprika; dazu Vollkornbrot ✱ Kartoffelcremesuppe mit Rucola

Sonntag

- Frühstück aus frischem Obstsalat, Vollkornbrötchen, magerem Aufschnitt, einem Ei
- Kerbelgelee mit Senfsauce ✱ Gefüllte Artischocken
- Spargelsalat mit Schinken; dazu Baguette ✱ Frische Ananas

Spargelsalat mit Schinken

Pinienkerne sorgen für zarten Biß

Zutaten für 2 Personen: • 400 g Spargel • Salz • Zucker • 1 TL Butter • 1 1/2 EL Apfelessig • weißer Pfeffer • 3 EL Öl • 4 Scheiben Parmaschinken • 2 EL Pinienkerne • Basilikum

Den Spargel waschen, putzen und schälen. In einem Spargeltopf wenig Wasser mit etwas Salz, Zucker und der Butter aufkochen. Den Spargel im Dämpfeinsatz hineinstellen und fest zugedeckt in 15–20 Minuten bißfest dämpfen.

Den Apfelessig mit Salz und Pfeffer verrühren, das Öl gründlich darunterschlagen. Den Spargel abtropfen lassen, in Stücke schneiden und in dem Dressing wenden. Mit dem Parmaschinken anrichten. Pinienkerne rösten und mit einigen Basilikumblättchen über den Spargel streuen.

power

Pro Portion: 358 Kcal • 17 g EW • 32 g F • 7 g KH

Spargelsalat mit Brunnenkresse

raffiniert durch Wildkräuter

Zutaten für 2 Personen:
400 g grüner Spargel
Salz, 1/2 TL Zucker
1 TL Butter
1/2 Bund Brunnenkresse
1–2 EL Walnußkerne
1–2 EL gehackte Wildkräuter
1 EL Apfelessig
weißer Pfeffer
1 EL Walnußöl
2 EL neutrales Öl

Den Spargel waschen, putzen und im unteren Drittel schälen. Etwas Wasser mit Salz, Zucker und der Butter im Spargeltopf zum Kochen bringen. Den Spargel darin im Dämpfeinsatz fest zugedeckt in 5–8 Minuten bißfest dämpfen. Abtropfen lassen, dann in Stücke schneiden.

Die Brunnenkresse waschen, trockenschütteln und verlesen, grobe Stiele entfernen. Die Walnußkerne grob hacken.

Für das Dressing die Kräuter mit dem Essig, etwas Salz und Pfeffer verrühren. Beide Ölsorten gründlich darunterschlagen. Das Dressing abschmecken.

Spargel und Brunnenkresse in dem Dressing wenden. Auf Teller geben, mit den Walnüssen bestreut sofort servieren.

power

Brunnenkresse

Das pfeffrige Kraut steckt voller gesunder Stoffe. Mit nur 150 Gramm decken Sie Ihren Tagesbedarf an Vitamin C. Auch reichlich blutbildendes Eisen sowie Kalium sind enthalten. Brunnenkresse wirkt blutreinigend, anregend und harntreibend, ist also ideal für Ihre Entschlackungskur.

PRO PORTION:
251 Kcal
6 g EW • 22 g F
7 g KH

Löwenzahnsalat mit Ziegenkäse

Frühjahrssalat der feinen Art

Den Backofen auf 225° vorheizen. Die Zwiebel und den Knoblauch schälen und hacken, mit dem Essig, Salz und Pfeffer verquirlen. Das Öl mit einem Schneebesen gründlich unterschlagen.

Den Löwenzahn waschen, verlesen und gründlich trockenschleudern, nach Belieben zerzupfen. In dem Dressing wenden und auf Teller verteilen. Die Kirschtomaten waschen, halbieren oder vierteln und dazugeben.

Den Ziegenkäse in 4 Scheiben schneiden, diese auf die Baguettescheiben legen. In eine feuerfeste Form setzen und im Ofen (Mitte) 5–10 Minuten backen, bis der Käse warm ist, aber nicht zerläuft. Die Baguettescheiben zum Salat geben, diesen sofort servieren.

Zutaten für 2 Personen:
- **1 kleine Zwiebel**
- **1 kleine Knoblauchzehe**
- **1–2 EL Weinessig**
- **Salz**
- **weißer Pfeffer**
- **3 EL Distelöl**
- **100 g junge Löwenzahnblätter**
- **60 g kleine Kirschtomaten**
- **1 kleiner runder Ziegenkäse (60 g)**
- **4 Scheiben Baguette**

Löwenzahn

Löwenzahn enthält Stoffe, die Appetit und Stoffwechsel anregen. Löwenzahn stärkt die Nierentätigkeit, hat also eine harntreibende Wirkung. Cholin, ein Bitterstoff, beeinflußt die Leberfunktion und wirkt galletreibend. Das Kraut ist deshalb ein beliebtes Mittel bei Gallen-, Leber- und Nierenleiden.

Pro Portion:
339 Kcal
11 g EW • 19 g F
9 g KH

power

Fenchel-Grapefruit-Salat

mit gebratenem Kaninchenfilet

Zutaten für 2 Personen:

1 rosa Grapefruit
1 Fenchelknolle
1 Schalotte
Salz
schwarzer Pfeffer
1 EL Apfelessig
3 EL Öl
1 Kaninchenfilet
3 Wacholderbeeren
1 kleine Handvoll Rucola

Die Grapefruit filetieren, dabei den abtropfenden Saft auffangen. Die Fenchelknolle waschen, putzen und in sehr feine Streifen schneiden. Das Grün hacken und beiseite stellen.

Die Schalotte schälen und fein würfeln. In einer Schüssel mit dem Fenchelgrün, Salz, Pfeffer und dem Essig verquirlen. 2 Eßlöffel Öl mit einem Schneebesen darunterschlagen, dann den abgetropften Grapefruitsaft ebenfalls unterrühren. Den Fenchel und die Grapefruitfilets darin wenden.

Das Kaninchenfilet kalt abwaschen und abtrocknen. Die Wacholderbeeren im Mörser zerdrücken oder mit einem großen Messer fein hacken. Das Kaninchenfilet damit sowie mit Salz und Pfeffer einreiben. Das restliche Öl in einer Pfanne erhitzen. Das Filet darin rundherum scharf anbraten, dann noch etwa 5 Minuten bei mittlerer Hitze garen.

Den Rucola waschen, trockenschütteln und verlesen. Zusammen mit dem Fenchel-Grapefruit-Salat auf Teller verteilen. Das Kaninchenfilet in dünne Scheiben schneiden und zum Salat geben.

power

Pro Portion: 308 Kcal • 24 g EW • 20 g F • 8 g KH

Portulaksalat mit Bohnen

mit süßlichem Apfeldressing

Die Bohnen waschen und putzen, eventuell halbieren. Zugedeckt in wenig Salzwasser in 10–15 Minuten gar dünsten, dabei das Bohnenkraut mit in das Kochwasser geben.

Zutaten für 2 Personen:

70 g grüne Bohnen
Salz
1 Stiel Bohnenkraut
60 g kleine Champignons
5 Radieschen
60–70 g Portulak
1 Schalotte
1 kleine Knoblauchzehe
Salz
schwarzer Pfeffer
1 EL Apfelessig
2 TL Apfeldicksaft
2 EL Öl

Inzwischen die Champignons waschen oder mit einem feuchten Tuch abreiben und putzen, in dünne Scheiben schneiden. Die Radieschen waschen, putzen und ebenfalls in dünne Scheiben schneiden. Den Portulak waschen und trockenschütteln, verlesen und putzen.

Für das Dressing die Schalotte und den Knoblauch schälen und hacken. Mit Salz, Pfeffer, Apfelessig und Apfeldicksaft verrühren, dann das Öl mit einem Schneebesen gründlich unterschlagen. Das Dressing abschmecken.

Die Bohnen in ein Sieb abgießen und gut abtropfen lassen, zusammen mit den Pilzen, den Radieschen und dem Portulak im Dressing wenden.

Portulak

Die grünen, fleischigen Blättchen des Salatgemüses sind kalium- und eisenreich. Sie helfen beim Ausschwemmen ebenso wie bei der Blutbildung. Zudem stecken gesunde Omega-3-Fettsäuren darin.

PRO PORTION:
123 Kcal
3 g EW • 8 g F
10 g KH

power

Wurzelpetersilien-Möhren-Rohkost

ein winterlicher Fitmacher

Die Walnußkerne in einer trockenen Pfanne rösten, dann aus der Pfanne nehmen. Etwa 3 Eßlöffel der Walnußkerne grob hacken und beiseite legen. Die restlichen Kerne fein mahlen.

Die gemahlenen Walnüsse mit Sahne, Milch, Öl und Essig glattrühren, mit Koriander, Salz und Pfeffer abschmecken. Etwas Grün der Wurzelpetersilie waschen, trockenschütteln und fein hacken, unter die Sauce rühren.

Die Wurzelpetersilie und die Möhre waschen, putzen und schälen, in dünne Scheiben schneiden oder hobeln. Das Gemüse zusammen mit der Walnußsauce auf Teller anrichten, mit den übrigen Walnußkernen bestreut sofort servieren.

Zutaten für 2 Personen:

30 g Walnußkerne
4 EL Sahne
4 EL Milch
2 TL Distelöl
1 EL Apfelessig
etwas gemahlener Koriander
Salz
schwarzer Pfeffer
150 g Wurzelpetersilie mit Grün
1 kleine Möhre

Wurzelpetersilie

Sie ist ein typisches Wintergemüse und sorgt in der kalten Jahreszeit für gesunde Vitamine. Die Inhaltsstoffe können sich durchaus sehen lassen. Bereits 200 Gramm decken Ihren Tagesbedarf an Vitamin C, zudem hat die Wurzel eine appetitanregende und harntreibende Wirkung.

PRO PORTION:

223 Kcal
6 g EW • 17 g F
10 g KH

power

Spargel-Avocado-Salat

gekrönt von knusprigen Croûtons

Zutaten für 2 Personen:

- 1 Scheibe Vollkorntoast
- 1 TL Butter
- 1 zarte Frühlingszwiebel
- 2 TL Apfeldicksaft
- 1 EL Apfelessig
- Salz, weißer Pfeffer
- 1 EL neutrales Öl
- 1 EL Walnußöl
- 250 g weißer Spargel
- 2 kleine feste Tomaten
- 1 kleine Avocado
- 1–2 EL Zitronensaft
- 1–2 Zweige Zitronenthymian

Das Toastbrot entrinden und klein würfeln. Die Butter in einer beschichteten Pfanne aufschäumen lassen, die Brotwürfel darin rundherum anrösten. Abkühlen lassen.

Die Frühlingszwiebel waschen, putzen und fein würfeln. Mit Apfeldicksaft, Essig, Salz und Pfeffer verrühren, beide Ölsorten gründlich unterschlagen.

Den Spargel waschen, putzen und sorgfältig schälen. In schräge, sehr dünne Scheiben schneiden und diese sofort in dem Dressing wenden.

Die Tomaten waschen und ohne die Stielansätze in Spalten schneiden. Die Avocado schälen, halbieren und entsteinen. Die Hälften quer in Scheiben schneiden und mit dem Zitronensaft beträufeln. Die Tomaten, Avocadospalten und den Spargelsalat auf Tellern anrichten, dabei etwas von dem Dressing über Tomaten und Avocado träufeln. Die Toastwürfel darüber streuen.

Den Thymian waschen und trockenschütteln, die Blättchen von den Stielen streifen und über den Salat streuen, diesen sofort servieren.

power

PRO PORTION: 243 Kcal • 4 g EW • 18 g F • 17 g KH

Leichter Waldorfsalat

mit Joghurtdressing und Pecannüssen

Zutaten für 2 Personen: • 1 kleines frisches Eigelb • 2 TL Zitronensaft • 2–3 EL Öl • 50 g Vollmilchjoghurt • Salz • schwarzer Pfeffer • 2 Stangen Sellerie • 25 g Pecannüsse • 1–2 säuerliche Äpfel

Eigelb und Zitronensaft verrühren, Öl tropfenweise unterschlagen. Den Joghurt unterrühren, mit Salz und Pfeffer abschmecken. Den Sellerie waschen und putzen. Das Grün beiseite legen, die Stangen in Scheiben schneiden. Die Nüsse grob hacken. Die Äpfel waschen, 1–2 cm groß würfeln und dabei entkernen. Alles in dem Dressing wenden, abschmecken und mit Selleriegrün garniert servieren.

power

Pro Portion: 325 Kcal • 5 g EW • 26 g F • 20 g KH

Zucchinirohkost mit Paprika

knackiger Vitaminlieferant

Zutaten für 2 Personen: • 1 rote Paprikaschote • Salz • schwarzer Pfeffer • einige Tropfen Tabasco • 1 Schalotte • 1 kleine Knoblauchzehe • 1 EL Apfelessig • 2 EL Olivenöl • 125 g Zucchini

Paprika putzen und waschen. Ein Viertel davon fein würfeln, den Rest pürieren und durch ein Sieb streichen. Mit Salz, Pfeffer und Tabasco würzen und auf Teller verteilen. Schalotte und Knoblauch schälen und hacken, mit Essig, Salz und Pfeffer verrühren, Öl unterschlagen. Zucchini waschen, putzen und stifteln, im Dressing wenden. Auf der Paprikasauce anrichten und mit Paprikawürfelchen bestreuen.

power

Pro Portion: 101 Kcal • 2 g EW • 8 g F • 5 g KH

Rucolasalat mit zweierlei Käse

Italienisches zum Entschlacken

Die Pinienkerne in einer Pfanne ohne Fett goldbraun rösten und beiseite stellen. Den Rucolasalat putzen, verlesen, waschen und gründlich trockenschütteln, eventuell zerzupfen. Die Möhre schälen und grob raspeln. Den Fontinakäse in Streifen schneiden. Den Parmesan mit einem Sparschäler oder auf einem Gemüsehobel hobeln.

Für das Dressing die Schalotten schälen und sehr fein würfeln, mit dem Aceto balsamico, Salz und Pfeffer verquirlen. Dann das Öl gründlich unterschlagen und das Dressing abschmecken.

Den Rucola, die Möhrenraspel und den Fontinakäse in dem Dressing wenden. Mit den Pinienkernen und dem gehobelten Parmesan bestreuen.

Zutaten für 2 Personen:

2 EL Pinienkerne
75 g Rucola
1 kleine Möhre
50 g Fontinakäse
20 g Parmesankäse am Stück

Für das Dressing:

2 kleine Schalotten
1 1/2 EL Aceto balsamico
Salz
schwarzer Pfeffer
4 EL Olivenöl

Rucola

Das beliebte Salatkraut ist mit Kohl und Senf verwandt und enthält wie diese ätherische Öle sowie organische Säuren mit belebender und appetitanregender Wirkung. Auch Vitamin C steckt reichlich in dem Kraut, das gut entwässert und jede Entschlackungskur kulinarisch begleiten sollte.

Pro Portion:
346 Kcal
13 g EW • 32 g F
6 g KH

Bunter Gemüsesalat

mit Kräutern und Kürbiskernen

Zutaten für 2 Personen:
1 kleine rote Paprikaschote
1 kleiner Kohlrabi
1/2 Bund Radieschen
125 g Salatgurke
1 kleine Zwiebel
1 kleine Knoblauchzehe
2 EL Kürbiskerne
4 Zweige glatte Petersilie
1 Handvoll Kerbel
4 Zweige Dill
1 Zweig Estragon
2 EL Apfelessig
Salz, schwarzer Pfeffer
2 EL Distelöl
1 EL Kürbiskernöl

Die Paprikaschote halbieren, von Stielansatz, Kernen und Trennhäutchen befreien und waschen. Den Kohlrabi schälen, die Radieschen putzen und waschen. Jeweils etwas zartes Blattgrün beiseite legen. Die Gurke waschen oder schälen.

Paprika, Kohlrabi und Gurke in 1 cm kleine Würfel, die Radieschen in dünne Scheiben schneiden. Alles Gemüse in einer Schüssel mischen.

Die Zwiebel und den Knoblauch schälen und fein würfeln, in eine Salatschüssel geben. Die Kürbiskerne hacken und untermischen. Das Blattgrün von Kohlrabi und Radieschen sowie die Kräuter waschen, abtrocknen, hacken und ebenfalls zum Gemüse in die Schüssel geben.

Den Essig einrühren, mit Salz und Pfeffer kräftig würzen. Beide Ölsorten unterschlagen. Das Dressing abschmecken, das Gemüse darin wenden und 30 Minuten ziehen lassen.

power

Pro Portion: 219 Kcal • 7 g EW • 18 g F • 9 g KH

Fruchtiger Spargelsalat

mit Erdbeeren und Melone

Den Spargel waschen, putzen und im unteren Drittel sorgfältig schälen. In einem Spargeltopf wenig Wasser mit etwas Salz, Zucker und der Butter aufkochen lassen. Den Spargel im Dämpfeinsatz hineinstellen und fest zugedeckt in 10–15 Minuten bißfest dämpfen.

Zutaten für 2 Personen:
300 g grüner Spargel
Salz
Zucker
1 TL Butter
1/4 Cantaloupe-Melone
75 g Erdbeeren
1 EL Apfelessig
1 TL flüssiger Honig
weißer Pfeffer
3 EL Öl

Inzwischen die Melone von Fasern und Kernen befreien. Das Fruchtfleisch mit einem Kugelausstecher auslösen. Die Erdbeeren waschen, abtropfen lassen, putzen und halbieren oder vierteln.

In einer Salatschüssel den Apfelessig mit Honig, etwas Salz und Pfeffer verquirlen. Das Öl mit einem Schneebesen gründlich unterschlagen.

Den Spargel gut abtropfen lassen und in 3 cm lange Stücke schneiden. Zusammen mit den übrigen Zutaten in dem Dressing wenden.

power

Pro Portion: 167 Kcal • 3 g EW • 13 g F • 9 g KH

Sauerkrautsalat mit Kresse

Vitaminreiches zum Entschlacken

Den Apfelessig mit dem Apfeldicksaft und dem Öl gründlich verquirlen, mit Salz, Pfeffer und Curry abschmecken. Das Sauerkraut mit einem Messer kleinschneiden und in der Marinade wenden.

Die Ananas sorgfältig schälen, vom harten Mittelstrunk befreien und kleinschneiden. Den Schinken würfeln oder in Streifen schneiden.

Die Gartenkresse kalt abspülen und trockenschütteln. Die Kresse mit einer Küchenschere abschneiden und zusammen mit der Ananas und dem Schinken unter das Sauerkraut mischen.

Den Salat kräftig abschmecken und zusammen mit der Kapuzinerkresse und ihren Blüten anrichten.

Zutaten für 2 Personen:

2 TL Apfelessig
1 EL Apfeldicksaft
2 EL ÖL
Salz, schwarzer Pfeffer
1/4 TL Currypulver
150 g Sauerkraut
1/4 Ananas
50 g gekochter Schinken
1/2 Kästchen Gartenkresse
1 kleine Handvoll Kapuzinerkresse mit Blüten

Sauerkraut

Milchsäure und Ballaststoffe im Kraut regeln die Verdauung, die Milchsäure wirkt zudem entschlackend. Die beste Wirkung auf Darmflora, Verdauung und ganz allgemein auf die Gesundheit hat frisches, rohes Sauerkraut. Es enthält bis zu 60 Prozent mehr Vitamine als Kraut aus der Dose.

PRO PORTION:
203 Kcal
6 g EW • 12 g F
19 g KH

power

Rucola-Apfel-Salat

Erfrischendes mit zartem Biß

Die Pinienkerne in einer Pfanne ohne Fettzugabe leicht rösten und zum Bestreuen beiseite stellen.

Den Apfel gründlich waschen, abreiben, vierteln und vom Kerngehäuse befreien. Die Viertel dann klein würfeln und sofort mit Zitronensaft beträufeln.

Den Rucolasalat putzen, verlesen, waschen und gründlich trockenschütteln. Eventuell mundgerecht zerzupfen.

Für das Dressing den Apfeldicksaft mit dem Rotweinessig, Salz und Pfeffer in einer Schüssel verquirlen. Dann beide Ölsorten mit einem Schneebesen gründlich unterschlagen und das Dressing abschmecken.

Rucolasalat und Apfelwürfel in dem Dressing wenden und auf Teller verteilen, die Pinienkerne darüber streuen und den Parmesan darüber hobeln.

Zutaten für 2 Personen:

2 EL Pinienkerne
1 kleiner rotschaliger Apfel
1 EL Zitronensaft
etwa 75 g Rucola
20 g Parmesan am Stück

Für das Dressing:

1 EL Apfeldicksaft
1 1/2 EL Rotweinessig
Salz
schwarzer Pfeffer
1 1/2 EL Olivenöl
1 1/2 EL Pinienkernöl

* Alternativen für Pinienkernöl

Wenn Sie Pinienkernöl nicht bekommen, verwenden Sie Walnußkerne und Walnußöl, Haselnüsse und Haselnußöl oder Mandeln und Mandelöl. Soll der Geschmack nicht so intensiv sein, eventuell mit neutralem Öl »verdünnen«.

Pro Portion:

245 Kcal

5 g EW • 20 g F

15 g KH

power

Kräutersalat mit Bündnerfleisch

in sanftem Parmesandressing

Zutaten für 2 Personen:
75 g verschiedene Wildkräuter und Kräuter
40 g Bündnerfleisch
1 frisches Ei
1 1/2 EL Öl
3 EL trockener Weißwein
1 1/2 EL Apfelessig
50 g geriebener Parmesan
3 EL Vollmilchjoghurt
Salz, schwarzer Pfeffer

Die Kräuter gründlich waschen, trockenschütteln und verlesen, die harten Stiele entfernen. Das Bündnerfleisch in feine Streifen schneiden und mit den Kräutern mischen.

Das Ei mit dem Öl, Wein und Essig in einer Schüssel verquirlen, dann über einem warmen Wasserbad unter ständigem Rühren bei mittlerer Hitze zu einer cremigen Sauce aufschlagen.

Die Schüssel vom Wasserbad nehmen, den Parmesan unter die Sauce rühren und schmelzen lassen. Etwas abkühlen lassen, dann den Joghurt unterrühren und die Sauce mit Salz und Pfeffer abschmecken.

Die Kräutermischung auf Teller verteilen, mit dem Dressing beträufeln und den Salat sofort servieren.

Kräuter

Alle wildwachsenden und gezüchteten Kräuter sind wahre Fitmacher. Sie regen Appetit und Verdauung an und helfen auf aromatische und kalorienarme Art, Ihren Körper zu entschlacken. Verwenden Sie beispielsweise Löwenzahn, Brunnenkresse, Sauerampfer, Basilikum, glatte Petersilie und Kerbel oder ausschließlich Löwenzahn oder Rucola.

PRO PORTION:
265 Kcal
20 g EW • 18 g F
1 g KH

power

Radieschen-Kohlrabi-Carpaccio

Rohkost fein präsentiert

Zutaten für 2 Personen: • 1/2 Bund Radieschen • 2 kleine Kohlrabi • 1 EL Aceto balsamico • 1 EL Apfeldicksaft • 1/4 TL Senf • Salz • schwarzer Pfeffer • 1 1/2 EL Olivenöl • 2 TL Kürbiskernöl • 1 EL Kürbiskerne

Radieschen und Kohlrabi waschen und putzen. Den Kohlrabi schälen. Beides in dünne Scheiben schneiden. Etwas zartes Grün von Radieschen und Kohlrabi hacken, mit Aceto balsamico, Apfeldicksaft, Senf, Salz und Pfeffer verrühren. Beide Ölsorten unterschlagen. Kohlrabi überlappend als Kranz auf Teller legen. Die Radieschen überlappend in die Mitte legen. Das Dressing darüber träufeln, Kürbiskerne darüber streuen.

power

Pro Portion: 154 Kcal • 3 g EW • 12 g F • 11 g KH

Chicorée-Kresse-Salat

Vitaminspritze für kalte Tage

Zutaten für 2 Personen: • 2 kleine Orangen • 75 g Vollmilchjoghurt • Salz • weißer Pfeffer • gemahlener Koriander • 2 TL Traubenkernöl • 1–2 EL Tomatenketchup • 250 g Chicorée • 1/2 Kästchen Kresse

Orangen schälen und filetieren, dabei den abtropfenden Saft auffangen. Den Saft mit Joghurt, Salz, Pfeffer, Koriander, Traubenkernöl und Tomatenketchup verrühren. Den Chicorée waschen und putzen, in Stücke schneiden. Die Kresse kalt abspülen, die Blättchen abschneiden. Chicorée und Orangen anrichten, mit dem Dressing beträufeln und mit Kresse bestreuen.

power

Pro Portion: 146 Kcal • 4 g EW • 6 g F • 18 g KH

Cremige Brunnenkressesuppe

Entschlackendes für ein feines Menü

Die Brunnenkresse waschen, sehr grobe Stiele abzwicken. Einige Blätter zum Garnieren beiseite legen. Die Zwiebel schälen und klein würfeln.

1/2 Eßlöffel Butter in einem Topf zerlassen, die Zwiebelwürfel darin glasig werden lassen. Die Kresse einrühren und kurz mit anschwitzen, dann mit der Gemüsebrühe ablöschen. Einige Minuten bei schwacher Hitze köcheln lassen.

Die Suppe im Mixer pürieren, dann zurück in den Topf gießen. Die Sahne einrühren und die Suppe noch einmal aufkochen lassen.

Etwas Suppe in einer Tasse mit dem Eigelb glattrühren, dann unter die übrige Suppe rühren. Nicht mehr kochen lassen.

Die Suppe mit Salz und einigen Tropfen Zitronensaft würzen.

Die restliche Butter in einer Pfanne zerlassen. Das Brot klein würfeln und darin knusprig rösten. Zum Servieren über die Suppe streuen, mit Kresseblättern garnieren.

Zutaten für 2 Personen:

1/2–1 Bund Brunnenkresse
1 kleine Zwiebel
1 EL Butter
1/4 l Gemüsebrühe
100 g Sahne
1 Eigelb
Salz
Zitronensaft
1–2 Scheiben Bauernbrot

power

Pro Portion: 364 Kcal • 6 g EW • 23 g F • 28 g KH

Kartoffelcremesuppe mit Rucola

von zarten Mandeln gekrönt

Die Kartoffeln schälen, waschen und würfeln. Die Zwiebel schälen und ebenfalls würfeln. Die Butter in einem Topf zerlassen, die Zwiebelwürfel darin glasig werden lassen. Die Kartoffeln und die Brühe dazugeben, alles fest zugedeckt bei schwacher Hitze 10–15 Minuten köcheln lassen.

Zutaten für 2 Personen:

- **300 g mehligkochende Kartoffeln**
- **1 kleine Zwiebel**
- **2 TL Butter**
- **400 ml Gemüsebrühe**
- **2 EL Mandelblättchen**
- **1 kleine Handvoll Rucola**
- **Salz**
- **weißer Pfeffer**
- **70 g Sahne**

Inzwischen die Mandelblättchen in einer trockenen Pfanne ohne Fett goldbraun rösten, vom Herd nehmen. Den Rucola waschen, verlesen und ohne die groben Stiele in Streifen schneiden.

Die Kartoffelsuppe im Mixer pürieren. Dann zurück in den Topf geben und die Suppe noch einmal aufkochen lassen, mit Salz und Pfeffer abschmecken. Die Rucolasteifen in die Suppe geben.

Die Sahne steif schlagen und vorsichtig unter die Suppe heben, diese mit den gerösteten Mandeln bestreuen und sofort servieren.

* Die Suppe mit den Pluspunkten

Die kaliumreichen Kartoffeln und die wassertreibende Asparaginsäure im Rucola tragen zur Entschlackung bei. Weiterer Vorteil: Mit der Suppe bekommt Ihr Körper zusätzlich Flüssigkeit, die Nieren werden gut durchspült.

Pro Portion:
299 Kcal
5 g EW • 19 g F
26 g KH

power

Cremige Linsensuppe

Bacon sorgt für herzhaften Geschmack

Die Brühe zusammen mit den Linsen in einen großen Topf geben. Aufkochen lassen, dann bei schwacher Hitze zugedeckt etwa 40 Minuten köcheln lassen.

Zutaten für 2 Personen:
400 ml Gemüsebrühe
75 g Linsen
30 g Bacon (Frühstücksspeck)
1/2 Bund Frühlingszwiebeln
70 g Sahne
Salz
schwarzer Pfeffer
1/2 TL Senf

Den Bacon in feine Streifen schneiden. Die Frühlingszwiebeln waschen, putzen und in feine, sehr schräge Ringe schneiden. Einige Linsen aus der Suppe nehmen und beiseite stellen. Die übrigen Linsen mit der Brühe im Mixer pürieren und zurück in den Topf geben. Die Sahne unterrühren, auch die beiseitegelegten Linsen wieder dazugeben. Die Suppe wieder aufkochen lassen, mit Salz, Pfeffer und Senf herzhaft abschmecken.

Den Speck in einer beschichteten Pfanne knusprig ausbraten. Die Frühlingszwiebeln dazugeben und kurz in dem Speckfett andünsten, aber nicht braten. Mit Pfeffer würzen. Die Suppe auf Teller verteilen und mit Speck-Zwiebeln obenauf sofort servieren.

Linsen und Senf

Linsen sind reich an Ballaststoffen und deshalb anregend und schützend für den Darm. Schlacken können nicht eingelagert werden. Im Senf stecken das Glycosid Sinigrin und das Enzym Myrosin. Sie reagieren bei Feuchtigkeit miteinander – dabei wird ätherisches Senföl mit reinigender und keimtötender Wirkung freigesetzt.

PRO PORTION:
355 Kcal
14 g EW • 21 g F
25 g KH

power

Leichte Spargelsuppe
mit Erbsen und Lachs

Den Spargel waschen, putzen und sorgfältig schälen. Die Köpfe abschneiden und zugedeckt beiseite legen. Die Spargelstangen kleinschneiden und

Zutaten für 2 Personen:
300 g weißer Spargel
Salz
Zucker
1 1/2 EL Butter
100 g frische Erbsen in der Schote (ausgelöst etwa 50 g)
100 g Lachsfilet
1 EL Zitronensaft
1 EL Mehl
50 g Crème fraîche

mit 1/8 l Wasser, je 1 Prise Salz und Zucker sowie 1/2 Teelöffel Butter in einen Topf geben. Aufkochen lassen, zugedeckt in 15 Minuten garen. Danach die Spargelstücke mit dem Kochwasser pürieren.
Gleichzeitig die Spargelschalen und -abschnitte mit 1/4 l Wasser in einen Topf geben. Ebenfalls mit je 1 Prise Salz und Zucker sowie mit 1/2 Teelöffel Butter abrunden und zugedeckt 15 Minuten köcheln lassen. Den Kochsud abseihen.
Inzwischen die Erbsen aus den Schoten lösen. Das Lachsfilet waschen, würfeln und mit Zitronensaft beträufeln.
Die restliche Butter in einem Topf zerlassen. Das Mehl hineinstreuen und goldgelb werden lassen, mit dem Kochsud der Spargelabschnitte ablöschen. Das Spargelpüree und die Crème fraîche ebenfalls dazugeben.
Die Erbsen, die Spargelköpfe und das Lachsfilet in der Suppe noch 2–3 Minuten erwärmen. Die Suppe abschmecken und sofort servieren.

power

Pro Portion: 291 Kcal • 15 g EW • 21 g F • 10 g KH

Gurken-Kaltschale

Erfrischendes für heiße Tage

Zutaten für 2 Personen: • 250 g Salatgurke • 150 g Vollmilchjoghurt • 75 g Crème fraîche • 100 ml Dickmilch • 1 Knoblauchzehe • Salz • schwarzer Pfeffer • 1 Tomate • 2 Zweige Dill

Die Gurke schälen und grob raspeln, mit Joghurt, Crème fraîche und Dickmilch verrühren. Den Knoblauch schälen und dazupressen, die Suppe salzen und pfeffern. Zugedeckt 2 Stunden kalt stellen. Die Tomate und den Dill waschen. Die Tomate klein würfeln, beim Dill die Spitzen abzupfen. Beides auf die Suppe geben.

power

Pro Portion: 240 Kcal • 6 g EW • 20 g F • 9 g KH

Feine Sauerkrautsuppe

mit würziger Rucolacreme

Zutaten für 2 Personen: • 1 kleine Zwiebel • 1 kleine mehligkochende Kartoffel • 1 EL Butter • 150 g Sauerkraut • 400 ml Gemüsebrühe • 50 g Rucola • 50 g Crème fraîche • Salz • schwarzer Pfeffer

Die Zwiebel und die Kartoffel schälen und würfeln, in der Butter in einem Topf anschwitzen. Das Sauerkraut und die Brühe dazugeben, zugedeckt 10 Minuten köcheln lassen. Rucola waschen und verlesen, mit der Crème fraîche im Mixer pürieren, salzen und pfeffern. Die Suppe pürieren, noch einmal aufkochen und mit etwas Rucolapüree darauf servieren.

power

Pro Portion: 211 Kcal • 3 g EW • 16 g F • 16 g KH

Kerbelschaum-suppe

schmeckt nicht nur am Karfreitag

Die Zwiebel und die Kartoffeln schälen und grob würfeln. Die Butter in einem Topf zerlassen, die Zwiebel- und die Kartoffelwürfel darin unter Rühren anschwitzen. Mit der Brühe ablöschen und zugedeckt bei schwacher Hitze gut 20 Minuten köcheln lassen.

Den Kerbel kurz abbrausen, gut trockenschütteln und verlesen. Etwas Kerbel zum Bestreuen beiseite legen, den Rest hacken und unter die Suppe rühren.

Die Suppe im Mixer oder mit einem Pürierstab direkt im Topf pürieren. Die Crème fraîche einrühren, die Suppe wieder aufkochen lassen. Mit Salz, Pfeffer und Koriander abschmecken. Mit dem Pürierstab nochmals schaumig aufschlagen und mit Kerbel bestreut servieren.

Zutaten für 2 Personen:

1 kleine Zwiebel
125 g mehligkochende Kartoffeln
1 EL Butter
400 ml Hühner- oder Gemüsebrühe
reichlich frischer Kerbel
50 g Crème fraîche
Salz
weißer Pfeffer
etwas gemahlener Koriander

Kerbel

Das feine Frühjahrskraut regt den Kreislauf an und hat eine blutreinigende, harn- und schweißtreibende Wirkung, die bei Entschlackungskuren erwünscht ist. Ätherische Öle und Bitterstoffe fördern zudem die Verdauung, weil sie die Bildung des Magensaftes anregen.

PRO PORTION:
171 Kcal
6 g EW • 15 g F
14 g KH

power

Kerbelgelee mit Senfsauce

Kalorienarmes mit Pfiff

Das Ei anstechen und in 8 Minuten hart kochen. Kalt abschrecken und pellen. Die Gelatine 5 Minuten lang in reichlich kaltem Wasser einweichen.

Den Kerbel waschen, abtrocknen und verlesen. Etwas Kerbel zum Garnieren in ein feuchtes Tuch wickeln und kalt stellen. Den übrigen Kerbel etwas kleiner hacken und mit dem Fond verrühren.

Etwas Fond in einem kleinen Topf erhitzen, die Gelatine leicht ausdrücken und darin auflösen. Dann mit dem übrigen Fond verrühren und diesen sehr pikant abschmecken. Etwas von Kerbelfond in zwei Timbalförmchen oder Tassen geben und im Kühlschrank gelieren lassen.

Das Ei quer halbieren, mit den Schnittflächen nach unten auf das Gelee in die Förmchen setzen. Den übrigen Kerbelfond darüber geben, das Gelee im Kühlschrank erstarren lassen.

Den Quark mit der Milch und dem Senf verrühren, mit Salz und Pfeffer abschmecken. Die Geleeförmchen kurz in warmes Wasser stellen, auf Teller stürzen, die Sauce an den Rand geben. Mit Kerbel garniert servieren.

Zutaten für 2 Personen:

1 Ei
1 1/2 Blatt weiße Gelatine
1 Handvoll Kerbel
1/8 l Gemüsefond
Salz
weißer Pfeffer
einige Tropfen Tabasco
2–3 EL Speisequark
3–4 EL Milch
1 TL Senf

power

Pro Portion: 91 Kcal • 7 g EW • 5 g F • 3 g KH

Leichte Kräutermousse

mit würziger Radieschenvinaigrette

Zutaten für 2 Personen:
2 Blatt weiße Gelatine
1 Bund gemischte Kräuter (z.B. Sauerampfer, Petersilie, Dill, Basilikum, Estragon)
75 g Vollmilchjoghurt
Salz
weißer Pfeffer
70 g Sahne
5 Radieschen
2 TL Apfelessig
2 EL Öl

Die Gelatine 5 Minuten in reichlich kaltem Wasser einweichen. Die Kräuter waschen und trockenschütteln. Einige Kräuter zum Garnieren beiseite legen, die restlichen fein hacken.

Die Gelatine tropfnaß in eine Tasse geben und darin in einem warmen Wasserbad schmelzen lassen. Mit dem Joghurt und den Kräutern verrühren, mit Salz und Pfeffer kräftig würzen.

Die Sahne steif schlagen und unter die Kräutercreme heben. Die Creme in eine kleine Ringform oder in zwei Tassen füllen und darin zugedeckt im Kühlschrank gelieren lassen.

Zum Servieren die Radieschen waschen, putzen und grob raspeln, in einer Schüssel mit dem Essig, etwas Salz und Pfeffer verrühren. Das Öl mit dem Schneebesen gründlich unterschlagen und das Dressing abschmecken.

Die Form oder die Tassen kurz in warmes Wasser stellen. Die Mousse stürzen, zusammen mit der Vinaigrette anrichten und mit Kräutern garnieren.

power

Pro Portion: 215 Kcal • 4 g EW • 20 g F • 3 g KH

Kräuteromelett mit Spargel

Schnelles für Genießer

Zutaten für 2 Personen: • 250 g grüner Spargel • Salz • 1 1/2 EL Butter • 1 TL Zucker • 4 Eier • 2 EL Milch • weißer Pfeffer • 2 EL gehackte Petersilie • 1–2 EL gehackter Kerbel

Den Spargel waschen, putzen und zugedeckt über wenig Salzwasser mit je 1 Teelöffel Butter und Zucker etwa 10 Minuten dämpfen. Die Eier mit der Milch, Salz, Pfeffer und den Kräutern verquirlen. In einer beschichteten Pfanne in wenig Butter nacheinander 2 Omeletts daraus backen. Den Spargel gut abtropfen lassen, in die Omeletts wickeln und servieren.

power

PRO PORTION: 246 Kcal • 17 g EW • 17 g F • 6 g KH

Kernige Sellerie-Reis-Puffer

mit frischem Kräuterjoghurt

Zutaten für 2 Personen: • 80 g Naturreis • Salz • 75 g Vollmilchjoghurt • 1 EL Doppelrahm-Frischkäse • weißer Pfeffer • 2 EL gehackte Kräuter • 1 TL Apfeldicksaft • 150 g Knollensellerie • 2 Eier • Öl

Den Reis in 160 ml Salzwasser bißfest garen. Den Joghurt mit Frischkäse, Salz, Pfeffer, Kräutern und Apfeldicksaft verrühren. Den Sellerie schälen und grob raspeln.

Den Reis abtropfen lassen, mit Sellerie und den Eiern vermischen, salzen und pfeffern. In heißem Öl in einer Pfanne Puffer daraus braten. Mit dem Kräuterjoghurt servieren.

power

PRO PORTION: 354 Kcal • 13 g EW • 18 g F • 36 g KH

Artischocken mit Dips

Feines für Gäste

Reichlich Wasser mit Salz und Zitronenscheiben aufkochen. Bei den Artischocken die Stiele mit einem Ruck abbrechen. Das obere Drittel der Blattspitzen abschneiden. Die Artischocken im Zitronenwasser 40 Minuten bei mittlerer Hitze kochen lassen. Sie sind gar, wenn sich die Blätter leicht herausziehen lassen. Das Ei anstechen und in 8–10 Minuten hart kochen. Schälen, Eigelb und Eiweiß voneinander trennen. Das Eigelb durch ein feines Sieb streichen und mit Apfelessig, Salz und Pfeffer verrühren. Nach und nach das Öl unterschlagen. Den Sauerampfer waschen, trockenschütteln und ohne die groben Stiele hacken. Das Eiweiß fein würfeln. Beides mit der sauren Sahne unter die Sauce rühren. Pikant abschmecken. Radieschen putzen, waschen und raspeln. Frischkäse mit Milch verrühren, mit Salz, Pfeffer und etwas Kardamom würzen, die Radieschenraspel unterrühren. Die Artischocken herausheben und abtropfen lassen, mit den Dips servieren.

Zutaten für 2 Personen:

Salz
einige Zitronenscheiben
2 Artischocken (je etwa 500 g)
1 Ei
2 TL Apfelessig
weißer Pfeffer
3–4 EL Olivenöl
1/2 Bund Sauerampfer
50 g saure Sahne
1/2 Bund Radieschen
60 g Doppelrahm-Frischkäse
4–5 EL Milch
Kardamom

Artischocken richtig genießen

Jedes Blatt einzeln mit den Fingern herauszupfen. Das untere, fleischige Ende in einen der Dips tauchen, das Fruchtfleisch mit den Zähnen aus den Blättern streifen. Sind alle Blätter entfernt, wird das ungenießbare »Heu« herausgekratzt und so der saftige, aromatische »Boden« freigelegt.

Pro Portion:
381 Kcal
13 g EW • 32 g F
11 g KH

power

Grünkernburger mit scharfem Salat

auch fürs Büro geeignet

Zutaten für 2 Personen:
1/8 l Gemüsebrühe
60 g feiner Grünkernschrot
1 kleine Möhre
1 kleine Kohlrabiknolle
1 kleines Ei
1/2–1 Bund Dill
Salz, schwarzer Pfeffer
2–3 EL Semmelbrösel
3 EL Öl
1/2 kleiner Rettich
1/2 Bund Radieschen
2 EL Vollmilchjoghurt
1 EL Doppelrahm-Frischkäse
1/8 TL Kreuzkümmel

Die Brühe aufkochen lassen, den Schrot darin fest zugedeckt bei ganz schwacher Hitze 10 Minuten garen. Die Möhre und den Kohlrabi schälen und fein raspeln. Das Gemüse zum Schrot geben und alles noch 5 Minuten garen. In eine Schüssel umfüllen, das Ei unterrühren und die Mischung etwas abkühlen lassen.

Dill waschen, abtrocknen, von den groben Stielen befreien und hacken. Unter die Grünkernmischung rühren und diese mit Salz und Pfeffer abschmecken. Die Semmelbrösel untermengen, falls die Mischung nicht zusammenhält. Aus der Masse 4 Burger formen. Das Öl in einer beschichteten Pfanne erhitzen, die Burger darin 10 Minuten bei sehr schwacher Hitze braten, zwischendurch wenden.

Gleichzeitig für den Salat den Rettich schälen und die Radieschen waschen. Beides grob raspeln und mit Joghurt und Frischkäse verrühren. Mit Salz, Pfeffer und Kreuzkümmel abschmecken und zu den Burgern servieren.

power

Pro Portion: 337 Kcal • 10 g EW • 18 g F • 33 g KH

Buntes Knuspergemüse

mit Schinken-Kräuter-Dip

Für den Dip den Schinken in sehr feine Würfel schneiden. Die Kräuter waschen, abtrocknen und von den groben Stielen zupfen. Einige Blättchen zum Garnieren zurücklassen, die übrigen hacken. Die Zitronenhälfte heiß abwaschen und abtrocknen, die Schale abreiben und den Saft auspressen.

Den Schinken, die Kräuter, etwas Zitronensaft und die Zitronenschale mit den Mandeln und dem Quark verrühren. Den Dip mit Salz und Pfeffer kräftig abschmecken.

Den Chicorée von den äußeren Blättern befreien, halbieren, die Strünke keilförmig herausschneiden und die Hälften in einzelne Blätter zerlegen.

Das übrige Gemüse waschen und putzen. Dann alle Sorten in möglichst lange, nicht zu dünne Streifen schneiden. Das Gemüse auf einem großen Teller arrangieren und zusammen mit dem Dip bereitstellen, mit Kräutern garnieren und servieren.

Zutaten für 2 Personen:

- **40 g gekochter Schinken**
- **1 Handvoll frische Kräuter**
- **1/2 unbehandelte Zitrone**
- **3 EL gehackte Mandeln**
- **125 g Speisequark (20 % Fett)**
- **Salz, weißer Pfeffer**
- **1 Staude Chicorée**
- **1/2 kleiner Staudensellerie**
- **1 kleiner Zucchino**
- **1 Möhre**
- **1 kleiner Kohlrabi**
- **1 kleine rote Paprikaschote**

power

Pro Portion: 229 Kcal • 17 g EW • 12 g F • 12 g KH

Spargelrisotto mit Garnelen

schmeckt auch mit kleinen Shrimps

Den Spargel waschen, im unteren Drittel schälen und in 3–4 cm lange Stücke schneiden. Die Spargelköpfe zugedeckt beiseite stellen. Die Frühlingszwiebeln waschen und putzen. Die weißen Teile fein würfeln, das zarte Grün in schräge dünne Ringe schneiden.

Die Butter und das Öl leicht erhitzen. Die weißen Zwiebelteile darin glasig werden lassen. Erst den Spargel (nicht die Köpfe), dann den Reis dazugeben. Verrühren und mit dem Wein ablöschen. Bei schwacher Hitze und unter gelegentlichem Rühren garen, bis der Reis die Flüssigkeit aufgenommen hat.

Dann immer wieder etwas Gemüsefond zum Reis gießen und von diesem aufnehmen lassen.

Nach 10 Minuten die Spargelköpfe und die grünen Teile der Frühlingszwiebeln unter den Reis mengen.

Den Reis garen, bis er noch leichten Biß hat, das Gericht aber cremig ist.

Die Garnelen unter den Reis mischen und erhitzen, alles mit Salz und Pfeffer abschmecken und mit Parmesan bestreut servieren.

Zutaten für 2 Personen:

250 g grüner Spargel
1/2 Bund Frühlingszwiebeln
1 EL Butter
2 TL Olivenöl
200 g Risotto-Reis
150 ml trockener Weißwein
etwa 400 ml Gemüsefond
Salz, weißer Pfeffer
100 g geschälte gekochte Riesengarnelen
30 g frisch geriebener Parmesan

power

Pro Portion: 622 Kcal • 26 g EW • 12 g F • 85 g KH

Gefüllte Artischocken

mit saftiger Pilz-Schinken-Füllung

In einem großen Topf reichlich Salzwasser erhitzen, den Zitronensaft oder Essig hineingeben. Bei den Artischocken die Stiele mit einem Ruck herausbrechen, die äußersten Blätter ablösen, alle sehr spitzen Blätter abschneiden. Die Artischocken in dem Wasser 40 Minuten bei mittlerer Hitze kochen lassen. Sie sind gar, wenn sich die Blätter leicht herausziehen lassen.

Zutaten für 2 Personen:

Salz
2 EL Zitronensaft oder Essig
2 große Artischocken
1 Zwiebel
150 g Champignons
1 Knoblauchzehe
2 EL Olivenöl
40 g gekochter Schinken
je 1–2 Zweige Thymian, Rosmarin, Petersilie, Basilikum
2 Scheiben Vollkorntoast
60 g geriebener Bergkäse
schwarzer Pfeffer

Die Zwiebel schälen und klein würfeln. Die Champignons waschen, putzen und hacken. Den Knoblauch schälen. Das Öl erhitzen, die Zwiebelwürfel darin glasig werden lassen. Den Knoblauch dazupressen, die Pilze dazugeben und bei schwacher Hitze 5 Minuten garen. Den Schinken klein würfeln. Die Kräuter waschen, abtrocknen und hacken. Beides unter die Pilze mischen und vom Herd nehmen.

Den Backofen auf 175° vorheizen. Die Artischocken aus dem Wasser heben und umgedreht gut abtropfen lassen. Die äußeren Blätter auseinander biegen, die inneren weichen Blätter herauszupfen. Das freiliegende »Heu« mit einem Löffel entfernen.

Das Toastbrot klein würfeln, zusammen mit dem Käse unter die Pilze mischen. Salzen und pfeffern, die Artischocken damit füllen. Nebeneinander in eine breite feuerfeste Form setzen und 20 Minuten im Ofen (Mitte) backen.

power

Pro Portion: 366 Kcal • 22 g EW • 21 g F • 21 g KH

Lachs mit Sauerampfersauce

neue Kartoffeln als Beilage reichen

Den Sauerampfer waschen und verlesen. Einige Blättchen beiseite legen, die restlichen fein hacken. Die Schalotte schälen und fein würfeln. 1/2 Eßlöffel Butter in einem kleinen Topf schmelzen, die Schalottenwürfel darin glasig werden lassen.
Mehl darüber stäuben und anschwitzen, unter Rühren mit dem Fond ablöschen. Gehackten Sauerampfer dazugeben und zugedeckt bei schwacher Hitze 5 Minuten köcheln lassen.
Die Lachsfilets kalt abwaschen und abtrocknen. Restliche Butter in einer beschichteten Pfanne aufschäumen, die Filets darin bei schwacher Hitze von jeder Seite 3–5 Minuten garen.
Crème fraîche unter die Sauerampfersauce rühren und diese mit Salz, Pfeffer und Zucker abschmecken. Die restlichen Sauerampferblätter in feine Streifen schneiden. Sauce und Lachs anrichten, mit Sauerampferstreifen bestreuen.

Zutaten für 2 Personen:

- 50 g Sauerampfer
- 1 Schalotte
- 1 EL Butter
- 1/2 EL Mehl
- 200 ml Lachsfond (aus dem Glas)
- 2 Lachsfilets (je 175 g)
- 2–3 EL Crème fraîche
- Salz
- weißer Pfeffer
- 1 Prise Zucker

Sauerampfer

Das Salatkraut enthält viel Eisen, reichlich Vitamin C und Bitterstoffe. Es wirkt appetitanregend, harntreibend, blutbildend und -reinigend und hat einen günstigen Einfluß auf die Leber. Allerdings sollten Sie ihn nicht in zu großen Mengen essen – die enthaltene Oxalsäure bildet mit Calcium unlösliche Salze, die zu Nierensteinen führen können.

Pro Portion:

483 Kcal
36 g EW • 35 g F
5 g KH

power

Buntes Gemüsecurry

Asiatisches mit Schärfe und Vitaminen

Zutaten für 2 Personen:
- 1-2 rote Chilischoten
- 1 Knoblauchzehe
- 15 g Ingwer
- 50 g Kokosnußcreme am Stück
- 6 EL Gemüsebrühe
- 2 EL Sojasauce
- 1 EL Currypaste
- 2 Stangen Sellerie
- 1 Möhre
- 1/2 Bund Frühlingszwiebeln
- 80 g Brokkoli
- 50 g Bohnenkeime
- 1 1/2 EL Öl
- 2 Zweige Minze

Die Chilischoten aufschlitzen, entkernen, waschen und hacken. Den Knoblauch und den Ingwer schälen und hacken. Alles mischen. Die Kokosnußcreme hacken und zusammen mit der Brühe, der Sojasauce und der Currypaste in einem Topf erwärmen.

Das Gemüse waschen und putzen. Den Sellerie, die Möhre und die Frühlingszwiebeln in dünne Scheiben schneiden. Den Brokkoli in kleine Röschen teilen, die Bohnenkeime in einem Sieb abspülen und gut abtropfen lassen.

Das Öl in einem Wok oder einer breiten Pfanne erhitzen. Die Chilimischung darin unter Rühren 1 Minute anbraten. Den Sellerie, die Möhren, die Frühlingszwiebeln und den Brokkoli 2–3 Minuten mit anbraten, dann die Bohnenkeime dazugeben. Alles unter Rühren noch 3 Minuten braten.

Die Kokossauce in den Wok gießen und alles noch 1–2 Minuten kochen lassen. Zum Servieren die Minze waschen, abtrocknen und die Blättchen in feine Streifen schneiden, über das Gemüse streuen.

power

Pro Protion: 245 Kcal • 5 g EW • 20 g F • 12 g KH

Rote Linsenpfanne

mit Brokkoli und Schafkäse

Zutaten für 2 Personen: • 250 g Brokkoli • 1 kleine Zwiebel • 1 EL Olivenöl • 100 g rote Linsen • 1/4 l Gemüsebrühe • Salz • schwarzer Pfeffer • 1 TL Thymian • 100 g Schafkäse

Den Brokkoli waschen, putzen und in Röschen zerteilen. Die Zwiebel schälen, klein würfeln und in dem Öl in einer breiten Pfanne glasig werden lassen. Den Brokkoli, die Linsen, die Brühe, Salz, Pfeffer und den Thymian dazugeben und 6 Minuten garen. Den Schafkäse zerbröckeln und zu den Linsen geben, alles noch 1 Minute garen.

power

Pro Portion: 364 Kcal • 25 g EW • 14 g F • 33 g KH

Gemüse-Joghurt-Auflauf

Fleischloses aus dem Ofen

Zutaten für 2 Personen: • 500–600 g gemischtes Gemüse • 3 kleine Eier • 250 g Vollmilchjoghurt • 25 g Mehl • 25 g gehackte Mandeln • Salz • schwarzer Pfeffer • 1/2 Bund Petersilie • 1/2 Kästchen Kresse

Gemüse waschen, putzen und mundgerecht zerteilen, in wenig Wasser 5 Minuten vorgaren. Gut abtropfen lassen. Die Eier trennen. Joghurt mit Mehl, Mandeln, Salz, Pfeffer, gekackten Kräutern und den Eigelben verrühren. Die Eiweiße steif schlagen und unterheben. Das Gemüse in eine Auflaufform geben, den Joghurtschnee darüber verteilen. Bei 200° im Ofen (Mitte) 20–25 Minuten backen.

power

Pro Portion: 380 Kcal • 22 g EW • 21 g F • 24 g KH

Spargelgratin mit Kräuterschmand

mit Käse und Mandeln überbacken

Zutaten für 2 Personen:
500 g grüner Spargel
Salz, Zucker
1 TL Butter
2 Zweige Estragon
2 Zweige Thymian
2 Zweige Zitronenmelisse
200 g Schmand (saure Sahne mit 24 % Fett)
2 große oder 3 kleine Eier
weißer Pfeffer
40 g geriebener Emmentaler
2 EL Mandelblättchen
Für die Form: weiche Butter

Den Spargel waschen, putzen und im unteren Drittel schälen. In einem Spargeltopf etwas Wasser aufkochen, mit Salz, Zucker und der Butter abrunden. Den Spargel im Dämpfeinsatz hineinstellen und zugedeckt in 15 Minuten bißfest dämpfen.
Den Backofen auf 200° vorheizen. Inzwischen eine flache feuerfeste Form mit Butter ausstreichen.
Den Estragon, den Thymian und die Zitronenmelisse waschen und abtrocknen. Die Blättchen von den Stielen streifen und fein hacken. Die Kräuter mit dem Schmand und den Eiern verrühren, mit Salz und weißem Pfeffer würzen.
Den Spargel sehr gut abtropfen lassen und in die vorbereitete Form geben. Die Spargelstangen mit dem Kräuterschmand übergießen. Den geriebenen Käse und die Mandeln darüber streuen und das Gratin im Ofen (Mitte) 30 Minuten backen.

power

PRO PORTION: 483 Kcal • 20 g EW • 41 g F • 9 g KH

Raffiniertes zum Entschlacken

Bavette mit Artischocken-Sauce

Zutaten für 2 Personen:
2 EL Zitronensaft oder Essig
Salz
2 große Artischocken
125 g rote Zwiebeln
2 kleine Knoblauchzehen
je 2 Zweige Thymian und Majoran
1 kleiner Zweig Rosmarin
200 g Bavette oder Spaghetti
6 EL Olivenöl
6 EL Roséwein
schwarzer Pfeffer
40 g frisch geriebener Parmesan

In einem Topf reichlich Wasser mit Zitronensaft oder Essig und etwas Salz mischen. Die Artischockenböden auslösen. Dafür die Stiele mit einem Ruck herausbrechen. Die obere Hälfte der Blätter abschneiden. Die unteren Blätter ablösen und rund um die Böden mit einem scharfen Messer abschälen. Das »Heu« mit einem Teelöffel herauskratzen. Geputzte Artischockenböden sofort in das Zitronen- oder Essigwasser legen. Das Wasser aufkochen lassen, die Böden etwa 10 Minuten garen. Die Böden herausheben und abtropfen lassen, in Stücke schneiden. Die Zwiebeln schälen und kleinschneiden. Den Knoblauch schälen und stifteln. Die Kräuter waschen, trockenschütteln, die Blättchen und Nadeln grob hacken. Mindestens 2 l Salzwasser aufkochen lassen, die Nudeln darin bißfest garen.
Das Öl leicht erhitzen. Die Zwiebeln und den Knoblauch darin glasig werden lassen. Die Artischocken und die Kräuter darin erwärmen, mit dem Roséwein ablöschen. Salzen, pfeffern und leicht köcheln lassen.
Die Nudeln abgießen, abtropfen lassen und in der Pfanne mit den übrigen Zutaten mischen. Mit Parmesan bestreut servieren.

power

PRO PORTION: 763 Kcal • 27 g EW • 31 g F • 88 g KH

Scharfes aus Indien

Schnelles Kartoffelcurry

Die Kartoffeln waschen, schälen und mundgerecht würfeln. Das Öl in einer großen Pfanne erhitzen. Die Kartoffelwürfel darin unter häufigem Rühren 20 Minuten bei mittlerer Hitze braten.

Zutaten für 2 Personen:
400 g festkochende Kartoffeln
1 EL Öl
2 kleine Tomaten
1/2 Bund Frühlingszwiebeln
1 Knoblauchzehe
15 g Ingwer
1/2–1 grüne Chilischote
1/2 EL Garam Masala
80 g Vollmilchjoghurt
1/4 TL Mehl
1 EL Zitronensaft
Salz, schwarzer Pfeffer
1–2 TL schwarze Sesamsamen

Inzwischen die Tomaten überbrühen, häuten und würfeln. Die Frühlingszwiebeln waschen, putzen und in dünne Ringe schneiden. Etwas von dem Grün zum Garnieren beiseite legen. Den Knoblauch und den Ingwer schälen, die Chilischote aufschlitzen, putzen und waschen. Alles hacken und zusammen mit den Frühlingszwiebeln zu den Kartoffeln geben und kurz mit anbraten. Mit Garam Masala bestreuen und kurz verrühren.

Den Joghurt mit dem Mehl glattrühren und mit den Tomaten zu den Kartoffeln geben. Alles bei schwacher Hitze noch 10 Minuten garen.

Die Kartoffeln mit dem Zitronensaft, Salz und Pfeffer würzen. Mit den Frühlingszwiebelringen und den Sesamsamen bestreuen und servieren.

power

Pro Portion: 205 Kcal • 6 g EW • 7 g F • 30 g KH

Gebratener Spargel

Ungwöhnliches aus dem Wok

Zutaten für 2 Personen: • 1/2 Bund Frühlingszwiebeln • 60 g Shiitake-Pilze • 1 Möhre • 400 g grüner Spargel • 200 g Putenbrustfilet • 1 EL Öl • 2 EL Sojasauce • 5 EL Weißwein • schwarzer Pfeffer

Frühlingszwiebeln, Pilze und Möhre waschen, putzen und kleinschneiden. Spargel waschen, im unteren Drittel schälen, in Stücke schneiden. Fleisch klein würfeln. Öl im Wok erhitzen, Spargel und die Möhre bei mittlerer Hitze 3 Minuten rührbraten. Pilze und Zwiebeln 2 Minuten mitgaren. Gemüse an den Rand schieben, Fleisch anbraten. Sojasauce und Wein angießen, mit Pfeffer würzen und 3 Minuten braten.

power

Pro Portion: 309 Kcal • 32 g EW • 6 g F • 31 g KH

Bandnudeln mit Spargel

Schnelles für Genießer

Zutaten für 2 Personen: • 1 Zwiebel • 250 g Spargel • Salz • 200 g grüne Bandnudeln • 1 EL Butter • 100 ml Gemüsebrühe • 100 g Doppelrahm-Frischkäse • weißer Pfeffer • Kerbel

Zwiebel schälen und klein würfeln. Spargel waschen, putzen, schälen und in Scheiben schneiden, die Köpfe ganz lassen. Die Nudeln in Salzwasser bißfest garen. Die Zwiebeln in der Butter glasig werden lassen, den Spargel mit anschwitzen. Brühe, Frischkäse, Salz und Pfeffer dazugeben, zugedeckt 10 Minuten garen. Dann mit den abgetropften Nudeln anrichten, mit Kerbel bestreuen.

power

Prp Portion: 551 Kcal • 18 g EW • 20 g F • 77 g KH

Spargel-Hähnchen-Ragout

mit rotem Camargue-Reis

Den Spargel waschen, putzen und gründlich schälen. In einem Spargeltopf 200 ml Wasser aufkochen lassen, mit Zucker und etwas Salz würzen. Die Spargelstangen im Dämpfeinsatz hineingeben und fest zugedeckt in 10–15 Minuten bißfest dämpfen. Abtropfen lassen und in 3 cm lange Stücke schneiden. Den Kochsud aufbewahren.

Zutaten für 2 Personen:
500 g weißer Spargel
1/4 TL Zucker
Salz
150 g roter Reis (Camargue-Reis, ersatzweise Naturreis)
200 g Hähnchenbrustfilet
weisser Pfeffer
1 1/2 EL Butter
1 EL Mehl
200 ml Geflügelfond (z.B. aus dem Glas)
etwas Kerbel oder Petersilie

Inzwischen 300 ml leicht gesalzenes Wasser in einem Topf aufkochen lassen. Den Reis hineinstreuen und fest zugedeckt bei schwacher Hitze in 30–40 Minuten ausquellen lassen. Gleichzeitig das Fleisch kalt abwaschen und abtrocknen, in 2–3 cm große Würfel schneiden und mit Pfeffer würzen.

Die Butter in einem Topf aufschäumen lassen. Das Hähnchenfleisch darin rundherum goldgelb anbraten, wieder aus dem Topf nehmen. Das Mehl hineinstreuen und goldgelb werden lassen, unter Rühren mit dem Fond ablöschen. Den Spargelsud dazugießen und alles bei starker Hitze unter Rühren cremig einkochen lassen.

Den Kerbel oder die Petersilie waschen, abtrocknen und hacken oder zerzupfen, zusammen mit dem Spargel und dem Hähnchenfleisch unter die Sauce rühren. Diese noch einmal aufkochen lassen, salzen und pfeffern und mit dem Reis anrichten.

power

Pro Portion: 494 Kcal • 34 g EW • 13 g F • 65 g KH

Register

Entschlacken mit Genuß

Abkürzungen
TL = Teelöffel
EL = Eßlöffel
kcal = Kilokalorien
EW = Eiweiß
F = Fett
KH = Kohlenhydrate

Impressum

Redaktion: Ina Schröter
Lektorat: Dipl. oec. troph. Maryna Zimdars
Layout und Gestaltung:
Heinz Kraxenberger
Herstellung: Helmut Giersberg
Fotos: FoodPhotography Eising, München
Satz: Easy Pic Library, München
Reproduktion: Repro Schmidt, Dornbirn
Druck: Appl, Wemding
Bindung: Sellier, Freising
ISBN: 3-7742-1071-3

Auflage: 5. 4. 3. 2. 1.
Jahr: 03 02 01 2000 99

Angelika Ilies
Die gebürtige Hamburgerin begann ihren Start in die Karriere direkt nach dem Ökotrophologie-Studium – mit einem Umweg über London, wo sie in einem renommierten Verlag Redaktionsalltag erlebte. Zurück im eigenen Land verstärkte sie das Kochressort der größten deutschen Foodzeitschrift. Seit 1989 arbeitet sie erfolgreich als freie Autorin und Food-Journalistin.

Susie M. und **Pete Eising** haben Studios in München und Kennebunkport, Maine (U.S.A.). Sie studierten an der Fachakademie für Fotodesign in München, wo sie 1991 ihr eigenes Studio für Food Fotografie gründeten.

Für dieses Buch:
Fotografische Gestaltung:
Martina Görlach
Foodstyling:
Monika Schuster

Ein Dankeschön für die Unterstützung bei der Fotoproduktion:
ASA (Höhr-Grenzhausen),
Boss elitaire (Balingen),
LSA (London),
WMF (Geislingen/Steige)